27
En 15374.

LARMES

SUR

MGR OLIVIER

ÉVÊQUE D'ÉVREUX,

SON TESTAMENT, SA MALADIE, SES DERNIÈRES PAROLES,

SA MORT, SES FUNÉRAILLES,

LES MANIFESTATIONS DE L'OPINION PUBLIQUE.

« En résumé, quel est M. Olivier ? L'homme de
» France dont on parle le plus, et le moins connu ;
» le moins connu, et le plus méconnu. Sur lui, les
» choses sont à ce point : presque tout ce qu'on a
» dit est faux ; presque tout ce qu'on n'a pas dit est
» vrai. »

(*Biographie du Clergé contemporain*, par
UN SOLITAIRE (l'abbé Hippolyte Barbier),
t. I, p. 66. *Paris*, 1841.)

ÉVREUX,

DE L'IMPRIMERIE DE A. HÉRISSEY.

—

1854.

Le public s'est montré si avide de connaître les derniers détails de la vie de Mgr Olivier et de recueillir ses dernières paroles, que tous les numéros du *Courrier de l'Eure*, malgré plusieurs tirages extraordinaires, ont été rapidement enlevés et épuisés. Ses articles ont été répétés par la presse tout entière; la France et l'Europe les ont lus. Mais ceux qui ont lu veulent lire encore; tous veulent conserver des paroles qui leur rappellent une mémoire chère et sacrée; contempler à sa dernière heure, qui fut sublime, et sur son lit funèbre, accompagné de tant de pleurs et de regrets, celui qu'ils ont tant aimé pendant sa vie. Mais où trouver aujourd'hui ces numéros du *Courrier de l'Eure?* Les personnes qui les possèdent ne consentent à aucun prix à s'en dessaisir. J'ai reçu, au sujet de ces articles, maintenant introuvables, une infinité de lettres pressantes.

« Vous êtes comme moi, m'écrivait entre autres
» une personne autant distinguée par l'esprit que
» par le cœur, très-désolé et profondément affligé de
» la perte de notre vénérable Père Mgr Olivier. Quelle
» perte pour l'Eglise et pour ceux qui comme nous
» l'aimaient autant qu'il était vénérable!

» Cependant, dans notre douleur, nous devons
» remercier Dieu de savoir que notre vénéré Père est
» mort si saintement. C'est un beau triomphe que
» cette mort! O vénéré Père, vous êtes heureux
» maintenant, doublement heureux ! c'est là ma
» douce confiance. Pleurons donc, non sur lui,
» mais sur nous, malheureux orphelins !

» Je viens donc vous prier, vous conjurer, au nom
» de notre Père bien-aimé, de nous faire parvenir les
» belles et saintes paroles de Mgr Olivier mourant.
» Elles ont été publiées dans le *Courrier de l'Eure;*
» mais, au poids de l'or, on ne peut se procurer un
» seul de ces bienheureux articles. A l'œuvre donc!
» faites quelque chose pour moi. »

Je n'ai pas la voix de fer ni les cent bouches que
désirait le poëte, pour raconter de nouveau, aux in-
nombrables amis de Mgr Olivier, sa mort sainte, les
regrets si touchants qui ont éclaté à ses funérailles.

L'idée m'est donc venue de réunir, sur l'autorisa-
tion spéciale du rédacteur en chef, les articles du
Courrier de l'Eure en un seul corps, de les fondre
dans un seul et même récit, mais plus complet et de
l'exactitude la plus scrupuleuse. Je trempe ma plume
dans les larmes de mon cœur, et ces larmes expli-
quent et justifient le titre que j'ai donné à ce petit
livre, fragment détaché d'une œuvre plus considérable, en attendant que le jour de l'histoire soit
venu. Echo de l'opinion publique, qu'on nous pardonne de retrancher de ses mille rumeurs celles qui
ne seraient pas parfaitement en harmonie avec les
dernières paroles du prélat expirant. On comprendra
notre réserve et notre respect pour les dernières
dispositions de son testament. Les exemples magna-
nimes qu'il a laissés calment les mouvements trop
impétueux de notre cœur, et la placidité de son âme
est passée dans la nôtre. C'est donc ici une œuvre
écrite pour l'édification de l'Eglise et des fidèles, pour
la consolation de ceux qui pleurent, une œuvre inspirée par un esprit de paix et de concorde.

La mort de Mgr Olivier n'a pas été imprévue. Dieu, qui l'appelait à lui, lui avait fait présentir et connaître son approche.

Après les travaux de son apostolat et de sa carrière épiscopale, après les épreuves que Dieu mesure toujours largement à ses élus, Mgr Olivier sentit enfin que ses forces l'abandonnaient. Si la tribune politique a souvent dévoré ses orateurs, la chaire chrétienne a eu aussi ses martyrs. Cette année, comme les précédentes, il se multipliait dans son diocèse. A Nonancourt et à Evreux, il menait de front deux carêmes, et l'on sait avec quel succès! Immédiatement après, il visita toutes les paroisses de l'arrondissement de Bernay. L'église la plus pauvre du plus obscur village recevait pour la quatrième fois la bénédiction de sa parole. Avec quelle force, avec quel entraînement il évangélisait la parole du salut à nos bons paysans! Celui qui avait tenu les rois et les reines, les esprits les plus délicats et les plus élevés sous les charmes de son éloquence, savait aussi trouver un langage qui allait à leur cœur. Il leur faisait comprendre avec une merveilleuse adresse les dogmes les plus sublimes de notre religion.

Nous nous réjouissions de cette vigueur d'action, de cette infatigabilité du zèle, comme l'indice d'une santé à l'abri de toute atteinte. Comme s'il eut appris, par une révélation divine, que le terme de sa carrière était proche, il redoublait de ferveur, il travaillait sans relache à la vigne du Seigneur, il agrandissait les travaux de son épiscopat pour rendre tous ses jours pleins devant Dieu, pour gagner sur le temps ce que le temps lui dérobait. Nous y fûmes tous trompés : lui seul ne se trompa pas. La surprise fut pour les autres, mais non pour lui. L'aigle ne prenait

son essort avec tant d'ardeur que parce qu'il savait
qu'il emportait avec lui, dans la hauteur des cieux,
le trait qui devait abattre son vol sublime.

Quand nous le croyions simplement indisposé par
un excès de fatigue, il se préparait en silence à la
mort, et méditait, avec toute la pureté et la vivacité
de sa foi, les jours de l'éternité. Il repassait dans son
esprit, sur ce sujet formidable, les grandes pensées
de Bossuet qui lui étaient si familières. Il s'appliquait
à lui-même les vérités qu'il avait si souvent prêchées
aux autres : il se jugeait lui-même pour éviter les ri-
gueurs du jugement de Dieu. Il s'humiliait devant sa
majesté suprême. Il lui offrait, en secret, les peines
intérieures qui le rongeaient. Il se réjouissait même de
souffrir les atteintes de ce feu des tribulations qui
éprouve l'or de la charité et de la vertu, et qui ache-
vait de purifier son âme.

Il était alors sur les rivages de l'Atlantique, prêt à
s'embarquer lui-même sur un autre océan qui n'a ni
fond ni rive. Que ne disait point à son âme, et à une
âme telle que la sienne, la vue de cette immensité des
mers qui, aussi bien que le firmament, racontent la
gloire et la grandeur infinie de Dieu?

Loin des hommes et de tout bruit, sur les solitudes
de l'océan, élevé par le calme de sa conscience au-
dessus de toutes les passions de la terre, recueilli
dans les saintes pensées de la foi, il scrutait son âme
et sondait les profondeurs de son cœur. Sous l'œil de
Dieu, auquel rien n'échappe, il ne découvrait dans son
âme que des intentions droites, et ce cœur ne ren-
fermait qu'un ardent amour du bien, un fonds inépuisable de bonté, de charité, de mansuétude et de
pardon. Alors, de cette main qui nous bénit tant de
fois et qui nous montra si souvent le ciel, il écrivit
son testament, digne d'un grand évêque, qui le peint
mieux que tout ce que nous pourrions dire. Recueil-
lons-nous! Il va nous dire des paroles qui ne nous
seront révélées que lorsqu'il en aura reçu le prix dans
l'éternité. Elles nous viennent d'un autre monde. Il
nous parle encore quand il n'est plus : *defunctus adhuc
loquitur*.

« *Je meurs, comme j'ai eu le bonheur d'y*
» *vivre, dans la foi catholique, apostolique et*
» *romaine; je soumets tout mon enseignement,*
» *tout ce que j'ai écrit ou fait imprimer, toutes*
» *les décisions que j'ai données comme docteur,*
» *tous mes actes d'évêque, au jugement du Saint-*
» *Siége apostolique, à qui j'ai toujours appar-*
» *tenu, comme pasteur et comme brebis, par le*
» *fond de mes entrailles.*

» *Je pardonne à ceux qui se sont faits mes*
» *ennemis. Dieu m'a fait la grâce de n'avoir ja-*
» *mais gardé aucun sentiment de haine dans*
» *mon cœur contre aucun d'eux.*

» *Je demande pardon à tous ceux que j'au-*
» *rais pu scandaliser ou offenser, à tous ceux*
» *qui auraient éprouvé de ma part, par ma faute*
» *ou involontairement, quelque chagrin ou quel-*
» *que dommage.*

» *Si Dieu me fait miséricorde, je n'oublierai*
» *pas dans le ciel les personnes qui m'ont honoré*
» *de leur affection. Je les ai portées tous les*
» *jours à l'autel pendant la durée de mon sacer-*
» *doce. Je n'oublie aucune des personnes qui*
» *m'ont consolé dans mes peines et qui m'ont*
» *édifié par leurs vertus.*

» *Je voudrais laisser un gage de mon affec-*
» *tion à tous les bons prêtres que j'ai aimés, qui*
» *le savent bien, et qui m'ont témoigné tant de*
» *confiance et d'attachement.*

» *Je prie mon bon abbé Olivier de recevoir*
» *mes remerciements de sa douce et persévérante*
» *amitié.*

» *Je recommande à mes deux neveux de se*

» montrer les dignes neveux d'un évêque, par leur
» bonne conduite et leur religion éclairée. Je ne
» puis les faire riches, et cependant je leur
» recommande la charité envers les bons pau-
» vres, surtout envers les pauvres honteux. Je
» sais, par la plus douce expérience, que rien ne
» rend aussi heureux que l'aumône dont Dieu
» seul a le secret.

» Je conjure tous les bons prêtres qui m'ont
» connu particulièrement de déployer en toute
» occasion leur amour pour Notre Seigneur
» Jésus-Christ au sacrement de l'autel, leur dé-
» votion envers sa sainte Mère, par la décoration
» des temples, par l'entretien des églises et des
» chapelles, enfin par la majesté et la pompe
» des cérémonies de notre sainte religion.

» Je désire que mon légataire universel et mon
» exécuteur testamentaire transmettent mes
» sentiments de respect et de reconnaissance à la
» famille royale qui m'a comblé des preuves de sa
» confiance.

» Je fais deux parts de mes biens : l'une doit
» revenir à ma famille, c'est le patrimoine qui me
» vient de mon père et de ma mère; l'autre,
» savoir : 1,000 fr. de rente sur l'État, l'argent
» qui sera trouvé chez moi, l'argent prêté à des
» personnes qui se feraient elles-mêmes con-
» naître, (car je ne veux pas que les personnes à
» qui j'ai prêté et qui seraient gênées dans leurs
» affaires, se croient obligées à me rembourser),
» le produit de mon mobilier, tout cela sera dis-
» tribué en bonnes œuvres, selon le tableau qui
» va suivre. De peur d'oublier à la fin de ce tes-
» tament une disposition très-importante, je la

» *pose ici. Au moment de ma mort, la dette de la*
» *fabrique de la cathédrale, telle qu'elle aura*
» *été reconnue par moi, au dernier budget, sera*
» *payée intégralement sur mes rentes sur l'Etat,*
» *avant toute autre opération.*

» *Je demande à mes grands vicaires de faire en*
» *sorte que mes obsèques ne coûtent rien à la*
» *fabrique de la cathédrale, et que tout soit*
» *acquitté par ma succession.*

» *Je désire, dans l'examen qui sera fait de*
» *mes papiers, que l'on détruise tout ce qui accu-*
» *serait ou confondrait la malice de ceux qui*
» *se sont faits mes ennemis.*

» *Fait à Trouville-sur-Mer, le 22 juillet 1854.*

» † NICOLAS, Évêque d'Évreux. »

Nous retrouvons dans ce testament cette profonde
piété, cet amour du Saint-Siége apostolique, cette
délicatesse exquise, ces beaux et nobles sentiments
qui feront de cette pièce précieuse la confusion de
l'ennemi du salut des hommes, la consolation et
l'édification de tous, un document de gloire pour
notre église d'Evreux et un éternel honneur à tout
l'épiscopat français.

A la fête de l'Assomption, Mgr Olivier reparut dans
sa cathédrale dans toute la pompe des cérémonies,
où il figurait avec tant de grâce. C'était en même
temps la fête de notre glorieux empereur, et tous les
hauts fonctionnaires de la ville, M. le préfet, M. le
maire de la ville, la magistrature et le barreau, en
grand costume, remplissaient le chœur de la cathédrale. Une foule compacte et contenue à grand
peine par les suisses, se pressait aux grilles. De son
trône, il glorifia le triomphe de la Reine des anges,
il remercia les autorités du concours qu'ils prêtaient
à la religion, insista sur ses bienfaits et sur sa douce
influence sur les mœurs publiques. Il adressa au ciel
les vœux les plus touchants pour le bonheur de la

patrie et la prospérité de l'empire français. Tous ceux qui recueillirent ce discours plaignaient ceux qui n'avaient pu l'entendre : « Il y avait de quoi, » disait-on, convertir tout le monde. » Jamais sa parole n'avait été plus vive, plus onctueuse, plus pénétrante, plus ardente pour embraser les cœurs de l'amour de Jésus-Christ. Hélas! on ne l'a plus entendu depuis : c'était le chant harmonieux du cygne avant sa mort.

Il célébrait la fête de la Nativité de la sainte Vierge dans un simple village de la Bauce, à Louville-la-Chénard, et évangélisait comme toujours le bon peuple, à l'exemple de son maître. Le lendemain, qui était un samedi, il faisait une chute sur l'un de ces ferrements ronds qui se trouvent à l'entrée extérieure des salons bourgeois, et se relevait avec une blessure à la jambe, qui n'offrait en apparence aucune gravité.

Le vendredi 15 septembre, jour de l'octave de la Nativité de la sainte Vierge, il rentra dans son palais épiscopal, et, des clous douloureux ayant envenimé la plaie, il se vit obligé de garder la chambre et l'immobilité du lit.

Singulière coïncidence! quand Mgr de Salmon du Châtellier, de sainte et vénérable mémoire, se mit au lit, dans ce même palais, pour ne plus s'en relever, c'était aussi à la suite d'une blessure qu'il s'était faite à la jambe en visitant ses amis et sa famille. Mgr Olivier en fit lui-même la remarque, et prononça dès lors l'arrêt que les médecins confirmèrent un mois après.

On guérit à peu près les clous de la plaie de la jambe, mais une fièvre opiniâtre ne cessait de tourmenter le malade. Dans cet état, privé de la plus grande consolation de sa vie, le dimanche 1er octobre, il voulut, malgré ses souffrances, qu'on le portât dans sa chapelle pour y célébrer les saints mystères. L'assistance était nombreuse, et fut profondément émue de la ferveur dont elle le voyait animé, du profond respect qui le pénétrait pour Jésus-Christ présent sur l'autel. Il fallut le soutenir tout chancelant, et le ramener, non sans peine, sur sa couche de douleur. Cette messe du XVIIe dimanche après la Pentecôte avec mémoire de S. Rémi, pontife et apôtre de la France, était la dernière !

Le dimanche suivant, 8 octobre, le prélat voulut entendre la sainte messe. On dressa un autel dans le salon, où il était couché et qu'il ne quitta plus. Il suivit avec la plus grande attention l'office de S. Nicaise, apôtre du Vexin, et de ses compagnons, martyrs, et reçut la communion avec les sentiments de la foi la plus vive. C'est le fidèle abbé Dubreuil, son secrétaire général, qui célébra cette messe, la dernière qu'il ait entendue.

Cependant un furoncle s'était manifesté au cou, et faisait endurer au patient des douleurs intolérables avec un redoublement de fièvre. Il souffrait, mais avec patience, mais avec résignation, mais avec amour, offrant ses douleurs, ses peines, ses chagrins, ses tribulations, ses croix, sa vie même à Jésus-Christ flagellé, outragé, meurtri, couvert d'opprobre, abreuvé de fiel et de vinaigre, et crucifié par les Juifs. Les épreuves et les souffrances sont le partage des saints sur la terre, la source de leurs mérites et de leur gloire, le sceau des élus.

Ces souffrances, cette suprême et dernière purification de l'âme, ces épreuves de la maladie que Dieu ménage à ceux qui l'aiment, durèrent tout un mois. La mort approchait, mais lentement. Sans doute ses amis, n'écoutant que les désirs de leur cœur, se faisaient illusion. Est-ce que l'on meurt d'un clou ? disaient-ils. Lui seul ne s'en faisait aucune : la sécurité qu'il montrait à tous n'était rien autre chose que le reflet de sa résignation intérieure, et non l'effet d'espérances trompeuses. La placidité de son âme répandait, sur les ombres croissantes de la mort, une lumière si douce, qu'elle dérobait à ses amis la connaissance de la vérité.

Ce n'est que huit jours avant la catastrophe que les hommes de l'art prirent l'alarme. Les douleurs étaient vraiment excessives, intolérables. Dans la nuit du lundi au mardi 16, M. Cruvellier accourut de

Paris auprès du prélat, son ami intime. Après une consultation sérieuse, à laquelle prit part le docteur Baudry, son médecin ordinaire, il devint évident que la fièvre, dont la violence persistait, était déterminée par un anthrax, et qu'il restait peu d'espoir de sauver l'auguste malade. M. Cruvellier se prononça pour une opération, dernière ressource de l'art. « *Elle est* » *inutile*, dit le prélat ; *mais pour ne pas me mettre* » *en dehors des voies de la Providence, j'y consens.* » S. Martin, évêque de Tours, avait dit aussi, à cette heure suprême : « Seigneur, si je suis encore néces- » saire à votre peuple, je ne refuse pas le travail ; » que votre volonté soit faite ! » M. Cruvellier ne voulut pas tenter lui-même l'opération ; il craignait que l'émotion n'ôtât quelque chose à la sûreté ordinaire de sa main. Il repartit immédiatement pour Paris, et se fit remplacer le lendemain par le célèbre docteur Velpeau.

C'est alors qu **MM.** les vicaires généraux du diocèse adressèrent une circulaire à tous les fidèles, le 17 octobre 1854, pour leur demander leurs suffrages et ordonner les prières des Quarante Heures avec exposition du très-saint sacrement. Leur lettre témoigne du profond et douloureux étonnement qu'ils éprouvaient de voir en danger la vie du premier pasteur, danger que personne n'avait soupçonné, excepté pourtant celui qui y était le plus intéressé et qui n'en avait pas douté un seul instant.

« Qui eut pensé en effet, disent-ils, que celui qui » semblait braver la fatigue et défier la maladie pût » devenir victime d'un accident insignifiant en lui- » même ? Et pourtant vous le verriez en ce moment, » notre vénérable évêque, sur un lit de douleur, ac- » cablé par la souffrance, mais calme et résigné, » mettant en pratique les vérités de la foi qu'il a » tant prêchées, demandant lui-même avec amour » les sacrements de l'Eglise, et ne se plaignant que » d'une chose, de ne pouvoir, vaincu par le mal, » prier autant que son cœur le désire, ni rouler entre » ses doigts les grains de son chapelet quotidien. » C'est pour suppléer à son insuffisance qu'il nous

» charge de remplir un saint et pénible devoir, et de
» demander au clergé et aux fidèles du diocèse des
» prières et des supplications ferventes.
» Prions donc avec confiance et avec ferveur, im-
» plorons la clémence de notre Dieu, qui châtie et qui
» sauve, qui conduit jusqu'au tombeau et qui en
» ramène : *quoniam tu flagellas et salvas, deducis ad*
» *inferos et reducis.* »

Le mercredi 18, au matin, le docteur Velpeau s'approcha du malade avec les appareils de son art, et commença une opération très-douloureuse, malgré la légèreté si connue de sa main ; le bistouri laboura douze fois les inflammations charbonneuses du cou, sans que la fermeté d'âme invincible du prélat se démentit un instant. La nature du sang décomposé qui jaillit déconcerta la science, qui prononça son arrêt redoutable.

En même temps que cette triste nouvelle circule et vole de bouche en bouche jusqu'aux extrémités du diocèse, la stupeur se peint sur tous les visages, la consternation pénètre dans tous les cœurs. Au son lugubre des cloches qui appelle les fidèles à la prière, une foule nombreuse se presse dans les églises et implore le secours du ciel. A Evreux, près du palais épiscopal, la population entière remplit la cathédrale, et, grave et recueillie, elle prie avec une ferveur inaccoutumée. Les premiers citoyens de la ville sont confondus avec le peuple. M. le préfet de l'Eure est accouru des premiers. Tous recueillent avec une extrême anxiété chaque bulletin de la situation du prélat. Chaque famille se sent frappée au cœur.

Les prêtres qui veillaient autour de sa couche n'eurent à réclamer pour lui aucune des consolations de la religion. Le prélat prévenait lui-même leur piété filiale et si tendre. Dans cette même journée du mercredi, de lui-même, de son propre mouvement, il envoie chercher deux fois son confesseur aux Ursulines. Sur l'ordre des médecins, le confesseur lui annonce sa fin imminente.

Si prévue que soit une mort, son approche certaine a toujours quelque chose de redoutable, et ce n'est

point sans quelque frisson qu'un mourant sent reluire
sur son visage la première lueur de l'éternité. Que
se passa-t-il en lui-même, quand il se vit placé entre
les ombres d'une vie qui finit et d'une autre qui com-
mence? Comment lui apparurent et les joies de ce
monde, et l'or, et les richesses, et l'éclat des talents,
et les gloires de l'éloquence, et les grandeurs qu'il
quittait, et les projets séduisants de l'avenir? Se
sépare-t-on sans regrets, sans déchirements inté-
rieurs, de ceux qui nous aiment et que l'on aime?
Pour les grands caractères, une existence qui est
utile aux autres s'évanouit-elle sans amertume? Il est
doux d'aller posséder Dieu dans le ciel. Mais a-t-on
fait assez pour lui sur la terre? N'y avait-il pas encore
des combats à livrer pour sa sainte cause? Au bout
de la carrière qui disparaît sous les pas, n'y avait-il
pas encore des palmes glorieuses à cueillir? En présence de ces généreuses ardeurs qui tombent avec les
forces, en présence du sacrifice de la vie et du bon
accueil à faire à la mort, le combat secret de la nature
est chose trop naturelle. « Plus le combat est dou-
» loureux, plus la résignation chrétienne est tou-
» chante. Avant les soumissions du Calvaire, il y a les
» défaillances du Jardin de l'agonie. Toujours est-il
» que peu d'heures après l'annonce fatale d'une mort
» prochaine, le prélat dit à une personne très-grave
» et très-sainte qui le visitait :
» *J'ai eu un grand combat à me livrer à moi-même,*
» *et ce n'est pas sans lutte et sans efforts que je suis enfin*
» *parvenu, grâce à Dieu, à cet état d'indifférence pour*
» *la vie, de soumission et de résignation chrétienne à la*
» *volonté divine.* »   (Courrier de l'Eure.)

Le jeudi matin, l'église d'Evreux célébrait la fête de
S. Aquilin, deuxième du nom, un des plus grands
évêques qui ait illustré ce siège épiscopal. Mgr Olivier,
son successeur, qui avait plus d'un rapport avec ce
glorieux saint du paradis, touchait à sa dernière
heure. Dieu l'appelait à prendre sa place dans le
chœur vénérable des pontifes. Pour s'en assurer ef-
ficacement l'entrée, et rendre sa vocation et son élec-
tion certaines, il manifeste le désir et la volonté

de s'unir aux prières des fidèles et de recevoir dans la sainte eucharistie le Dieu qui donne la force aux mourants. Dans cette triste circonstance, qui arrachait des larmes à tous ceux qui l'environnaient, sa foi et sa piété brillaient d'une manière éclatante.

Selon les habitudes constantes de toute sa vie sacerdotale, il ordonne lui-même les détails de l'auguste cérémonie et préside, sur son lit de douleur, à la préparation de l'autel, afin de rendre aussi digne que possible la réception de celui dont il attendait le courage et la consolation. Par ses ordres, les officiers de la cathédrale et les enfants de chœur se répandent par la ville, et convoqnent tous les prêtres et les fidèles. Le gros bourdon de la tour de Pierre élève sa grande voix sur la cité. Les communautés religieuses, les élèves des deux séminaires, les prêtres de la ville, les professeurs et les directeurs du séminaire Saint-Aquilin et du grand séminaire, les membres du chapitre, et parmi eux, un des curés d'Evreux, M. l'archiprêtre de Notre-Dame, les vicaires généraux remplissent le palais épiscopal. M. le maire d'Evreux, M. le préfet de l'Eure et Mme de Sainte-Croix, des magistrats, la foule des fidèles se joignent à la pieuse cérémonie. Heureux moment! heureux pasteur! il va recevoir son Dieu, il va mourir au milieu des siens! Le troupeau chéri est à ses côtés.

Que faisait cependant le vénérable et cher évêque? Il s'entretenait doucement avec quelques prêtres restés près de lui du bonheur qui l'attendait. Quoique dévoré par la fièvre et épuisé par les souffrances, il trouve encore assez d'énergie pour réciter, pendant une heure, les prières les plus ferventes afin de s'approcher dignement de la sainte eucharistie.

Mais les moments pressent, la foule se serre dans les salons et autour de son lit. Il sent de plus en plus que les forces le trahissent et qu'il faut se presser. Trois fois, en dix minutes, il fait dire à son grand archidiacre, M. l'abbé Guibert, de se hâter.

Comme on l'invitait au repos : « *J'ai besoin*, disait- » il, *de toute la ferveur des saints pour recevoir le Dieu*

» *qui a fait toute ma force pendant mon épiscopat et*
» *dont la foi m'a soutenu dans mes fatigues.* »

Enfin M. le grand-archidiaere, traversant la foule émue, s'avança près de son lit portant le saint viatique. « A ce moment auguste et suprême, malgré
» l'épuisement de ses forces, il possédait encore
« toute la lucidité de son esprit et toute la vigueur de
» son génie. C'est avec une énergie inexprimable,
» avec un accent surhumain qu'il récita la profession
» de foi du Symbole, et, élevant la voix à ces mots :
» *Ecclesiam catholicam,* il ajouta :

« *Je crois fermement, non-seulement le symbole, mais*
» *encore l'interprétation qu'en donne l'Eglise et toutes ses*
» *décisions. J'avais confiance dans mes forces, et je croyais*
» *à mon âge rendre encore des services à l'Eglise pendant*
» *des années. Comme un général j'avais à livrer les com-*
» *bats du Seigneur. Je me sentais invulnérable avec le*
» *casque de la foi.* »

« Il allait continuer. M. l'abbé Guibert, craignant
» qu'il ne fut pris de faiblesse ou de délire, crut de-
» voir l'interrompre en le priant respectueusement
» de se ménager. Le prélat répondit : « *Vous avez*
» *raison, mon excellent archidiacre, j'ai assez parlé*
» *dans ma vie.* » (Courrier de l'Eure.)

Il reçut alors le saint viatique avec un recueille-ment et une ferveur inexprimables. Pendant que, dans le silence, il adorait Dieu présent dans son cœur, la foule, dont l'émotion redoublait, partageait avec lui ce recueillement profond. Puis il répondit d'une voix ferme et assurée aux prières qui accom-pagnent les cérémonies de l'extrême-onction, of-frant lui-même ses membres aux onctions sacrées de l'huile sainte, visiblement heureux de se présen-ter à son souverain Juge inondé du sang de sa croix, marqué des signes de sa miséricorde et du salut.

Quand Monseigneur eut répondu *Amen* à la der-nière oraison, M. l'abbé Chartier, archidiacre de Pont-Audemer, s'approcha de lui et lui demanda sa bénédiction pour tous les assistants et pour tout le diocèse. Il parut se ranimer. « Dans un effort su-

» prême, il retrouva toute la grâce infinie, toute
» l'amabilité et toute l'aisance qu'on lui a connue
» dans la chaire. Apercevant dans l'assistance M. le
» préfet de l'Eure et Mme la marquise de Sainte-
» Croix, son épouse, M. le maire d'Évreux, des
» magistrats, plusieurs notabilités de la ville, il les
» bénit tous en leur adressant de touchantes paroles,
» nommant expressément « l'excellent magistrat
» qui administre le département, sa digne compa-
» gne et ses enfants, le maire de la ville et sa fa-
» mille, les administrateurs qui le secondent dans son
» amour pour le bien public, les magistrats si distin-
» gués qui rendent la justice, les fonctionnaires
» publics qui s'acquittent avec tant de zèle des de-
» voirs de leur charge, toutes les autorités de la
» ville, les notables citoyens qui s'y distinguent,
» non-seulement par le rang que la considération
» publique leur assigne et la naissance, mais encore
» par leurs bons exemples et par leurs vertus, les
» grands et les petits, les riches et les pauvres, tous
» ceux qui souffrent, les habitants des autres villes,
» et les bons laboureurs qui fécondent les champs
» de leurs travaux, les chefs d'ateliers et les ouvriers
» dont le labeur est si pénible mais si nécessaire, les
» bons Frères des écoles chrétiennes, les professeurs
» du collége, les religieuses qui se dévouent à l'ins-
» truction des enfants ou aux soins des malades,
» les mères et les petits enfants, le clergé et les
» fidèles ; recommandant à tous de s'aimer et de
» rester unis par les entrailles de la charité. » Sa
» délicatesse, inspirée comme aux beaux jours de sa
» vigueur, n'oublia personne. » Il n'oublia pas surtout les jeunes clercs qui l'environnaient, les con-
jurant d'être un jour les soutiens des peuples par les
bons exemples de leur vie, et leurs lumières par
leur attachement aux saines doctrines, fortifiées en
eux par de bonnes et constantes études. Puis il
ajouta :

*« Oui, je la donne, ma bénédiction, à tous ceux qui sont
ici et à leur famille et à leurs petits enfants. Je la donne à
tout le clergé. Je saisis cette occasion pour ouvrir mon*

» *cœur à ceux qui m'ont fermé le leur. Qu'ils sachent bien*
» *qu'ils se sont trompés ! On m'a mal connu, et ceux qui ont*
» *été contre moi ont été trompés. Je leur pardonne et j'ou-*
» *blie tout. A l'heure de la mort, à ce moment su-*
» *prême où il ne reste plus rien que la vérité, je vois*
» *la vérité. Qu'ils se rappellent donc que, dans ces*
» *temps de violence et d'emportement, la gloire de Dieu et*
» *le bien de l'Eglise ne se font que par l'amour de Jésus-*
» *Christ Notre Seigneur. Je les bénis comme les autres, du*
» *plus profond de mon cœur. Je vous conjure tous*
» *d'être toujours fidèles à la religion, dévoués à l'Eglise,*
» *dociles à sa voix. Aimez Dieu et honorez-le par Notre*
» *Seigneur Jésus-Christ, et non par toutes ces nouveautés*
» *inconnues à la tradition.* » (Courrier de l'Eure.)

Ces belles paroles, paroles rapportées textuelle-
ment, avaient remué profondément tous les assistants, et M. l'abbé Guibert en était ému jusqu'au
fond de l'âme quand, avec quelques paroles bien
senties , et répondant aux pensées exprimées par le
prélat, il le remercia de l'édification qu'il avait
donnée au diocèse.

Puis les séminaires et la foule des assistants sont
entrés silencieusement, et ont défilé devant Monseigneur, après s'être agenouillés pour baiser son
anneau épiscopal. M. le préfet de l'Eure attacha un
grand prix à remplir ce pieux devoir, et ne le fit
point, ainsi que plusieurs, sans larmes qui coulèrent
de leurs yeux et qui les honorent.

« Aucune expression ne saurait donner une idée
» du touchant spectacle que chacun avait sous les
» yeux. Le digne prélat, entre autres paroles qu'il a
» dites encore, avait demandé pardon à ceux qu'il
» aurait pu avoir offensés, en pardonnant lui-même
» à ceux qui lui avaient causé quelque peine. »

(Courrier de l'Eure.)

Puis l'auguste malade tomba dans l'épuisement et
dans un délire qui eut quelques intermittences. Ce
délire continua toute la nuit jusqu'au lendemain
vendredi. De dix heures à midi il eut quelques lueurs
de connaissance. Il était environné de plusieurs mem-

bres de sa famille, de ce bon abbé Dominique Olivier,
comme il l'appelait, d'amis dévoués, de M. l'abbé
Dubreuil, chanoine, secrétaire général ; de M. l'abbé
Jouen, chanoine, vicaire général; de M. l'abbé Bavent,
qui fut le premier prêtre auquel il imposa les mains,
et d'autres ecclésiastiques, de ses domestiques et
des saintes religieuses qui veillaient à sa garde.

« Cette grande lumière de l'Eglise, avant de
» s'éteindre, laissait encore percer quelques traits de
» cet esprit puissant qui, aux prises avec la mort,
» semblait vouloir lutter contre elle et échapper à
» ses atteintes. Avant de rentrer dans le silence,
» cette voix éloquente faisait encore entendre
» comme les dernières manifestations d'un cœur
» resté jusqu'à la fin tel que l'avaient connu ceux
» qui avaient été assez heureux pour le comprendre.

» Et alors il était beau et déchirant tout à la fois
» de voir sa grande âme, sûre de la mort qui l'atten-
» dait, regarder le ciel avec confiance, unir son
» sacrifice à celui de son maître crucifié, dont il
» baisait l'image avec une effusion d'amour.

» Quand les religieuses lui présentaient le breu-
» vage, il l'acceptait par obéissance, mais avec in-
» différence. « *C'est inutile pour la vie*, disait-il, *car
» c'est fini, j'en suis certain. Mais si cela vous fait
» plaisir, tout ce que vous voudrez.* »

» Comme la fièvre le dominait : « *Si vous vouliez
» me laisser sortir* ! disait-il, — Monseigneur, lui dit
» à cette occasion M. l'abbé Bavent, Dieu veut que
» vous restiez avec lui sur sa croix ; il n'est pas selon
» sa volonté que vous sortiez. » Il répondit : « *Que sa
» volonté soit faite ! que son nom soit béni ! N'en parlons
» plus !* »   (Courrier de l'Eure.)

M. l'abbé Bavent lui demanda sa bénédiction pour
une partie de sa famille chérie, pour les vénérables
religieuses de Verneuil : « *De bon cœur*, » dit-il, et sa
main défaillante traça le signe de la croix sur les assistants agenouillés.

« Apercevant son confesseur, il déclare que c'est
» avec grand plaisir qu'il recevrait l'indulgence plé-

» nière de la bonne mort. Alors il prie les prêtres
» présents de faire trois fois le signe de la croix sur
» lui ; puis à son tour, le prélat mourant trace lui-
» même trois signes de croix sur les assistants fon-
» dant en larmes.

» Un moment après, il saisit son crucifix, et un
» éclair de ce brillant génie qui l'animait autrefois
» dans la chaire sacrée, brille dans ses yeux. Il élève
» la croix au-dessus de son lit et s'écrie :

» *Quand donc le genre humain aura-t-il le sens com-*
» *mun ?..... La grande charte du genre humain, c'est la*
» *Croix !*

» *Oui ! oui ! oh ! oui, répétez partout et toujours : Dieu*
» *et Jésus-Christ !!! Il y a pourtant des misérables qui*
» *n'aiment pas Jésus-Christ. Aimez-le bien, vous autres !*
» *et dites avec moi : Jésus-Christ !!!...* »

(Courrier de l'Eure.)

Dernières paroles qu'il ait prononcées ! Il était juste
que Jésus-Christ, qu'il avait tant prêché, fût le dernier mot qui expirât sur ses lèvres.

Dans l'après-midi, Mgr de Séez arriva. Ce digne
prélat accourait auprès de notre évêque mourant avec
un empressement qui lui fait honneur. Il se rend
aussitôt auprès de lui. Mgr Olivier ne parlait plus !
Cependant, à sa vue, le prélat joint ses mains pour
recevoir sa bénédiction. Puis il retomba aussitôt dans
une espèce de délire.

Cependant la grosse cloche appelait les fidèles aux
prières des Quarante Heures ; elle avait une voix qui
vibrait dans les cœurs à la place de celui qui n'en
avait plus. La ville d'Evreux savait son évêque à
l'agonie ; elle se porta tout entière à la cathédrale,
comme aux jours des grandes solennités. Tous les
rangs, toutes les classes s'y trouvaient confondues :
M. le préfet, M. le maire de la ville, toutes les notabilités de la ville. Mgr l'évêque de Séez officiait. Il
faut avoir vu le silence, le recueillement, la tristesse
de cette grande foule, pour savoir jusqu'à quel point
la ville d'Evreux aimait son évêque, comme elle voulait l'aimer longtemps encore, comme elle se faisait

peu à l'idée de le perdre. Il remplissait cette ville de
son action, de sa présence ; il en était l'âme, et vous
eussiez dit que c'était la ville elle-même qui était à
l'agonie.

Tout espoir était perdu. A cinq heures du soir, le
malade s'agitait encore, étendait les mains et pous-
sait quelques gémissements. « Nous l'avons vu à
» cette heure même prendre encore son crucifix et
» le presser contre son cœur. Cette dernière action
» termina son dernier mouvement prononcé. Vers
» dix heures, toute agitation avait cessé ; ce ne fut
» plus qu'une douce agonie, paisible comme le som-
» meil des anges, jusqu'à ce que, sans effort, au
» milieu de ses prêtres éplorés, MM. Dominique Oli-
» vier, Jouen, Dubreuil, des religieuses, de ses fidèles
» domestiques et de quelques autres assistants age-
» nouillés, et au moment précis où tous répondaient
» *Amen* à la dernière oraison des prières de l'agonie
» que récitait M. l'abbé Jouen, à six heures dix mi-
» nutes du matin, le samedi 21 octobre, jour con-
» sacré à la sainte Vierge, pour laquelle il professait
» une dévotion si tendre, il rendit son âme à Dieu
» et s'endormit dans le sein du Seigneur. » (*Courrier
de l'Eure.*)

Il était âgé de 56 ans cinq mois et vingt-trois jours ;
il était né à Paris le 28 avril 1798 ; il fut nommé
évêque d'Evreux le 18 avril 1841, sacré dans l'église
de Saint-Roch, par Mgr Affre, un martyr, le 6 août,
fête de la Transfiguration de Notre Seigneur, et ins-
tallé solennellement à Evreux le 10 du même mois,
fête de S. Laurent, qui expira sur des charbons
ardents, et vigile de S. Taurin, premier évêque d'E-
vreux et confesseur de la foi.

Pendant que Mgr Olivier expirait, M. l'abbé Chartier, archidiacre de Pont-Audemer, était allé préve-
nir Mgr l'évêque de Séez, qui en arrivant n'eut plus
à remplir que le triste devoir de lui fermer les yeux
d'une main amie et sacrée.

« Ainsi s'est éteint le flambeau ardent qui luisait
» au milieu de nous, l'un des plus grands orateurs

» qui aient illustré la chaire sacrée, un apôtre dont
» le zèle n'a connu aucune fatigue. » (*Courrier de
l'Eure.*)

Il a passé au milieu de nous, comme son maître,
en faisant le bien : *Transiit benefaciendo.*

Pendant plus de treize ans, Mgr Olivier a été, au
milieu de nous, notre lumière. Cette vive et permanente lumière a lui constamment dans nos cœurs ;
elle les a embrasés de l'amour de Jésus-Christ. Elle a
laissé en nous des traces ineffaçables. Elle n'est plus,
et elle nous éclaire encore. Elle ne périra jamais
tant qu'Evreux sera un siége épiscopal. Car tel est le
caractère divin de la vérité, que son enseignement
transmis d'évêques en évêques, sans interruption,
dure et durera jusqu'à la fin des temps. Pour avoir
fermé les yeux, S. Taurin, S. Gaud, S. Eterne,
S. Laudulphe, S. Aquilin, S. Gervold, le bienheureux
Jean, les Gilbert, les Grosparmi, tant d'illustres pontifes qui ont illustré le siége d'Evreux, les Gabriel
le Veneur, les de Sainctes, les du Perron, les Bourlier
et les du Châtellier sont-ils morts parmi nous ? Leur
mémoire a-t-elle disparu ? Qui oserait le dire ? La
mémoire du juste est éternelle. Mgr Olivier, qui a
continué d'une manière si éclatante cette suite glorieuse de nos pontifes, quoiqu'il dorme à côté d'eux
le sommeil de son éternité, nous parle encore après
qu'il n'est plus. Ses exemples, ses enseignements
nous restent. Nous portons en nos âmes la divine
semence de sa parole si féconde ; nous la transmettrons à ceux qui viendront après nous. *Defunctus
adhuc loquitur.* Ce qui nous reste de lui, sa foi, son
ardente charité, son immense amour pour Jésus-
Christ, c'est lui-même tout entier. Voilà notre consolation ! Voilà pourquoi nos larmes sur lui ne coulent
pas sans douceur ! Voilà ce qui adoucit l'amertume
de nos regrets ! Voilà ce qui tempère notre douleur !

Ces larmes, comme elles coulèrent ! Cette douleur,
ces regrets, comme ils éclatèrent, quand Evreux, en
se réveillant le matin du 21 octobre, apprit que

Mgr Olivier n'était plus ! Quelle famille ne fut pas dans le deuil, comme si elle avait perdu un de ses membres les plus chers? Qui n'a vu de ses propres yeux la douleur de la cité tout entière ? « L'expres-
» sion de cette douleur publique, universelle, était
» sur tous les visages ; ces larmes dans tous les yeux,
» l'éloge de la bonté du prélat, de sa piété, de son
» grand cœur et de ses rares qualités dans toutes
» les bouches. Le coup qui séparait le pasteur chéri
» de son troupeau était d'autant plus douloureux
» qu'il était moins attendu. » (*Courrier de l'Eure.*)

Monseigneur avait expiré dans le salon de l'évêché, qui se trouve immédiatement après la grande salle à manger. On le revêtit de ses habits épiscopaux, et il fut exposé toute la journée sur un lit de parade. Des amis, des prêtres, des lévites du séminaire veillaient à l'entour, et récitaient lentement et gravement l'office des morts. Pendant toute cette journée de samedi, les habitants des campagnes, accourus à Evreux, vinrent contempler une dernière fois leur évêque sur son lit de mort.

Le lendemain dimanche, le corps du vénérable prélat fut embaumé et exposé dans sa chapelle particulière, qui fait partie des constructions de la cathédrale, et qui était tendue de noir. Il était revêtu de ses habits pontificaux, portant au doigt l'anneau épiscopal, et couché sur un lit blanc entouré de cierges, et tenait dans ses mains un crucifix, symbole éternel de cette religion qui lui avait donné le courage et la résignation à l'heure suprême, après l'avoir soutenu pendant sa vie. A côté était placée la crosse voilée d'un crêpe noir. Deux membres de la société de Saint-Vincent-de-Paul, et des élèves du séminaire, récitaient les prières des morts, comme la veille.

« C'est à peine si la mort avait altéré sa physio-
» nomie si noble et si sympathique. Tous ceux qui
» l'avaient aimé retrouvaient encore, ce front in-
» telligent, où se développaient les sublimes pensées
» de l'orateur, et sur ses lèvres entr'ouvertes sem-

« blait encore errer ce sourire fin et bienveillant,
» signe extérieur si populaire et si bien connu d'un
» puissant esprit et d'une bonté inépuisable. »

(Courrier de l'Eure.)

« Nous étions trop près des larmes et d'une tombe en-
» core ouverte pour pouvoir juger l'illustre prélat,
» qu'une mort prématurée enlevait au diocèse d'E-
» vreux. Nous ignorions si pour la gloire de la religion
» et pour l'honneur de notre clergé, dont il a été le
» glorieux chef, une oraison funèbre lui paierait le
» tribut d'hommage, de reconnaissance et de regrets
» qui lui sont dus ; mais ce que nous savions bien, ce
» que nous recueillions de toutes les bouches, c'est
» qu'à défaut d'un orateur, l'opinion publique élevait
» sa grande voix pour honorer sa mémoire, c'est
» que personne ne s'abordait à Evreux sans se dire
» un mot que nous avons entendu répéter mille fois :
» *La mort de Mgr Olivier est une calamité pour la ville,*
» *un malheur pour le diocèse.* Les bénédictions qui
» remontaient vers lui, les larmes qui se répandaient
» en sa présence, les regrets publics qui éclataient
» de toutes parts étaient un fait public que nous
» étions heureux de constater, et qui est désormais
» acquis à l'histoire ; elle dira : il mourut regretté
» du peuple. » (Courrier de l'Eure.)

La journée du dimanche fut une journée bien triste à passer. Ce gémissement lugubre qui de minute en minute s'échappait, avec le glas funèbre, des tours de Notre-Dame, semblait la plainte de l'église veuve, et trouvait un écho sympathique dans les cœurs.

Les fidèles se portèrent en foule aux offices de la cathédrale. Ils aimaient tout ce qui leur rappelait et son souvenir et la pompe auguste des cérémonies qu'il avait instituées. Des larmes abondantes coulaient de tous les yeux à la vue de cet autel, où ils l'avaient vu paraître tant de fois dans toutes les splendeurs du culte catholique, et où il ne monterait plus ; à la vue de ce trône voilé de deuil où ils ne le verraient plus, à la vue de ce siége vide du banc d'œuvre où il

ne viendrait plus s'asseoir, et surtout de cette chaire
où ne retentirait plus le son de sa voix bien aimée,
d'où jaillissaient tant de lumières, tant de mots heureux, et de ces traits d'éloquence qu'on emportait
dans son cœur, de cette chaire d'où il promenait sur
l'assemblée ce regard qu'on n'oubliera jamais. L'autel, la chaire, voilà la patrie où il avait vécu.

« Le deuil était général, et se manifestait par cet
» élan spontané des cœurs, qui est la plus belle ova-
» tion décernée aux vertus de l'homme, aux vertus
» du prêtre, aux vertus de l'évêque, aux nobles qua-
» lités de son cœur. Puis tous venaient dans cette
» chapelle épiscopale que le prélat remplissait encore
» de ses souvenirs, raviver à l'aspect de ses dépouilles
» mortelles les regrets qu'il laissait après lui. Chacun,
» après avoir jeté l'eau bénite sur le corps, lui faisait
» toucher des médailles, des chapelets. Il semblait,
» que ces objets dussent emprunter au contact de ses
» dépouilles mortelles quelques-unes des vertus qui
» avaient signalé la noble carrière du prélat. »

(Courrier de l'Eure.)

Les trois jours suivants, la grosse cloche de la cathédrale sonna le glas funèbre des morts. On apprit,
en même temps avec reconnaissance que, sur l'invi-
tation du chapitre, Mgr Blanquart de Bailleul, primat de Normandie, archevêque de Rouen, viendrait
présider aux obsèques du prélat et rendre, par sa
présence, un dernier et éclatant hommage à sa mémoire.

On se préoccupait beaucoup de l'état de l'atmos-
phère. La tristesse du temps répondait à la nôtre, et
pendant toute la journée du mercredi le glas funèbre
monta aux nuages à travers une pluie continuelle.
Et le bon peuple se chagrinait, dans la crainte que
la mémoire de Monseigneur ne fut pas assez hono-
rée, sentiment qui était universel ; il voulait l'honorer à sa manière ; il voulait répondre lui-même
à ceux qui lui auraient reproché un jour de ne pas
l'avoir assez aimé ; il voulait que le jour de ses
obsèques fut pour lui un vrai jour de triomphe.

2

Evreux priait donc, Evreux demandait au bon Dieu, pour le lendemain, quelques rayons de son bon soleil qu'il ne sait point refuser à ceux qui le lui demandent bien.

La nuit avait été sombre et grise. Mais le jeudi matin, le vent chassant tous ces nuages, nous montra l'azur du ciel, et le soleil se leva radieux et superbe.

« A huit heures du matin, un mouvement extraor-
» dinaire se remarqua dans la ville. Elle était pleine
» du bruit de toutes les cloches et du roulement des
» calèches sur le pavé. Les boutiques se fermaient,
» la circulation était interrompue dans les rues. La
» ville d'Evreux tout entière, par un élan spontané,
» admirable, faisait sa grande manifestation. Les
» maisons des rues, par où le cortége allait défiler,
» la rue du Pont-Notre-Dame, la rue de la Préfec-
» ture, le carrefour de la Cour-d'Assises, la rue Jo-
» séphine, la place de la Vierge-Saint-Thomas, la rue
» aux Febvres, la rue Grande, la rue de l'Horloge, le
» parvis Notre-Dame, se tendaient de blanc dans toute
» leur longueur, sans la moindre interruption, se
» parsemaient d'emblèmes de deuil, de voiles noirs,
» de larmes funéraires et de crêpes. Chaque habita-
» tion se distinguait à sa croix noire. La grille de la
» préfecture était magnifiquement tendue, et offrait
» sur un fond noir les armoiries du prélat dessinées
» avec des larmes d'argent.
» Avec un empressement inusité parmi les popu-
» lations, on se portait en foule aux abords de l'évê-
» ché, dont les salons étaient déjà envahis par
» toutes les notabilités de la ville et du département,
» par toute la noblesse des environs et par toutes les
» personnes conviées à ce funèbre rendez-vous. »

Au signal donné par la volée de toutes les cloches, parmi lesquelles domine, comme toujours, la voix royale du gros bourdon, le cortége, organisé avec beaucoup d'ordre et d'entente par M. l'abbé Jouen, debout et à son poste, malgré une application de trente sangsues pendant la nuit, se met en marche précédé par un peloton de gendarmerie. Puis se déroulaient au loin, dans un ordre régulier, la confrérie de Notre-Dame de Liesse, les Ecoles des Frères, l'Ecole mutuelle, les élèves des pensions, ceux du Collége, les pensions de demoiselles, la confrérie du Scapulaire, bannière en tête ; une brillante escorte de pompiers avec le corps d'officiers ; les élèves du petit séminaire Saint-Aquilin, les abbés du grand séminaire Saint Taurin, les membres de la société de Saint-Vincent-de-Paul, les vicaires, les curés du diocèse, en nombre considérable ; presque tous les doyens, les chanoines honoraires, les quatre archiprêtres, les deux archidiacres, les membres du chapitre de la cathédrale, les vicaires généraux capitulaires. Sur deux files, de chaque côté, un détachement de la garnison, dont les officiers faisaient partie du cortége, escortait la procession. De temps en temps, le sourd roulement des tambours, voilés d'un crêpe, alternait tristement avec le chant des morts. Aux fenêtres de tous les étages, des groupes nombreux ; une foule compacte à tous les débouchés de rue ; partout un silence admirable, un recueillement profond, un indicible sentiment de respect.

Au milieu de cette foule, pénétrée de douleur, s'avançait, la mître blanche sur la tête et précédé de ses officiers et de sa croix archiépiscopale, Mgr Blanquart de Bailleul, primat de Normandie. Sa présence était d'autant plus remarquée, que depuis des siècles on n'avait jamais vu notre métropolitain officier à Evreux. Il marchait grave et pensif ; il voyait, il jugeait de ses propres yeux la douleur publique, ce profond regret de la population entière pour les restes mortels de l'évêque défunt, les manifestations universelles de regrets et de sympathie. Son émotion était profonde.

Mgr l'archevêque de Rouen, ayant à sa droite M. Delanoë, vicaire général capitulaire d'Evreux, et à sa gauche M Caumont, son archidiacre, précédait le lit funèbre, tendu de blanc, sur lequel reposait, revêtu de ses habits pontificaux, à visage découvert, tenant toujours dans ses mains un crucifix, Mgr Olivier. Des jeunes élèves portaient sa crosse et son flambeau épiscopal, voilés de crêpes, et sur des coussins les insignes de sa dignité, ses croix, sa mitre blanche, son anneau pastoral. Les frères de la Charité d'Evreux et les élèves du séminaire, au nombre de seize, alternés entre eux, portaient, à la hauteur de mains, le lit funèbre posé sur une longue civière. Les cordons étaient tenus par M. le préfet de l'Eure, M. le général commandant le département, M. le maire d'Evreux, M. le président du tribunal de première instance, M. l'abbé Eglée, du chapitre de Notre-Dame de Paris, vicaire général de Mgr Sibour; M. l'abbé Coquereau, du chapitre impérial de Saint-Denis, aumônier en chef de la flotte, tous deux intimes amis du défunt.

M. le général Walsin d'Esthérazy, qui tenait les cordons, espérait, en venant à Evreux, retrouver celui qui l'avait préparé au premier acte sérieux du chrétien, et tenait personnellement à lui donner un témoignage de reconnaissance après sa mort; M. Demorson, du chapitre de Notre-Dame de Paris, ancien vicaire de M. Olivier, à Saint-Etienne-du-Mont; M. Cayla, du chapitre de Paris; M. Roquette, curé des missions étrangères, ancien vicaire de M. Olivier, à Saint-Roch; M. de Rolban, curé de Notre-Dame-de-Lorette, ancien vicaire de Mgr Olivier, à Saint-Etienne-du-Mont; M. Legrand, curé de la paroisse impériale de Saint-Germain-l'Auxerrois, ancien vicaire de M. Olivier, représentaient dignement le clergé tout entier de Paris, qui avait connu et apprécié M. Olivier si longtemps. Ces membres considérables, et les plus anciens du chapitre et du corps des curés de Paris, étaient venus exprès s'associer à la douleur du clergé d'Evreux, et accomplir un devoir sacré, en conduisant à sa dernière demeure celui qu'ils chérissaient comme ami, qu'ils vénéraient comme évêque.

« Derrière le lit de parade suivaient les amis et la
» famille du prélat, M. Dominique Olivier, théologal
» de notre cathédrale, MM. Théodore et Gustave
» Olivier, ses deux neveux, les sœurs de la Charité,
» les sœurs de la Providence, les hautes notabilités

» et les personnes considérables de la ville et du
» département, l'état-major de la place, le tribunal
» civil, le parquet, le tribunal de commerce, le con-
» seil de préfecture, l'administration municipale, les
» chefs de division et des bureaux de la préfecture,
» et les employés, les directeurs des contributions
» directes et indirectes à la tête de leurs bureaux, le
» directeur et les employés de la recette générale,
» l'ordre des avocats, les deux justices de paix, les
» compagnies des avoués, des notaires et des huis-
» siers, l'inspecteur de l'académie, le principal et les
» professeurs du collège, l'école normale, etc. Tous
» étaient revêtus de leur costume officiel et en deuil,
» et marchaient dans l'ordre prescrit par le décret
» de messidor an XII. »   (*Courrier de l'Eure.*)

« Parmi les hautes notabilités qui ont voulu don-
» ner à la mémoire du prélat un témoignage public
» de regrets et de sympathies, et qui répandaient par
» leur présence un si vif éclat sur la pompe funèbre,
» on distinguait MM. le duc et le marquis de Cler-
» mont-Tonnerre, M. le baron de Sepmanville, M. le
» duc d'Albuféra, député, M. le prince Albert de
» Broglie, M. le comte de Salvandy, portant le grand
» cordon de la Légion d'honneur ; M. Legrand (de
» Guitry), MM. le comte de Saint-Hiliare, Levacher-
» d'Urclé, Guillaume Petit, Hochon, le marquis de
» Blosseville et le général Morin, membres du conseil
» général de l'Eure; M. Zédé, ancien préfet de l'Eure,
» M. Demante, M. de Courval, M. le comte de Tré-
» bons, M. Anisson-Duperron, ancien sous-préfet,
» M. le sous-préfet de Louviers, et une foule d'autres
» personnages de distinction.

» Partout la foule se pressait autour du cortége et
» se montrait avide de contempler une dernière fois
» les traits vénérés du prélat. » La tête de la procession funèbre atteignait la tour de l'Horloge que
la suite du cortége était encore engagée dans la rue
de la Préfecture. Ainsi aucun œil n'a pu embrasser
l'ensemble. Comme spectacle, c'était vraiment superbe.

« Qui nous disait donc que la ville d'Evreux était

2.

froide, indifférente, que rien ne peut l'émouvoir ?
« Mais elle est là tout entière, silencieuse, recueillie
» et digne; belle de ses sympathies et de sa douleur.
» Elle se savait aimée! Elle pleurait l'évêque qui
» l'aimait, elle pleurait un consolateur, un ami et
» un père! Quand le peuple veut des pompes et des
» ovations pour ceux qu'il honore, il s'en charge
» lui-même, il accourt en foule, il serre ses rangs,
» il est le spectacle et le spectateur! Rien ne
» peut le suppléer quand il fait défaut ; aucune ma-
» gnificence ne peut remplir le vide que laisse son
» absence ; mais aussi rien ne reste plus à désirer
» quand il se manifeste. Rien n'a donc manqué à la
» beauté, à la dignité, à l'imposante grandeur et à
» la solennité de ses funérailles. Elles ont été dignes
» de lui-même, dignes de la ville épiscopale. »

Le cortége ne pénétra dans la cathédrale qu'après
dix heures, et les nefs ont été immédiatement enva-
hies par une foule immense. Puis l'office des morts
a immédiatement commencé par la grand'messe. Les
vigiles avaient été chantées la veille. Toutes les autorités occupaient le chœur : le clergé avait été obligé
de se placer dans la nef, toute tendue de noir ainsi
que le chœur. Les armoiries du prélat se détachaient
sur le fond noir des tentures. Quant au corps du défunt, il était placé sur un catafalque élevé au milieu
du chœur.

A la fin de l'évangile, M. l'archiprêtre des Andelys
donna lecture du mandement de MM. les vicaires
généraux capitulaires. Il était placé à quelque distance
de l'évêque mort.

Après les cinq absoutes, le corps du prélat fut porté,
au milieu d'une émotion inexprimable, à travers les
rangs serrés de la foule, dans la chapelle de la Vierge,
où le caveau qui devait le recevoir était ouvert. Là,
chacun lui donna un dernier adieu, en répandant à
ses pieds l'eau bénite. Puis les grilles de la chapelle
ont été voilés. Lorsqu'on eut changé les habits pontificaux qui le couvraient, le corps du vénérable prélat fut revêtu des ornements avec lesquels il célébrait

ordinairement la messe, et déposé dans un triple cercueil de bois des îles, de plomb et de chêne. Sur le dernier, une plaque en cuivre porte son nom et ses armoiries. Mgr Olivier repose à côté de Mgr du Châtellier, son prédécesseur, et occupe ainsi le milieu du caveau. Contre le mur, à la tête du cercueil, sont inscrits son nom, ses armes, les dates de sa naissance, de consécration comme évêque et celle de sa mort. A trois heures un quart tout était terminé et la pierre a été posée en présence de MM. les médecins, les architectes, des abbés Coquereau et Eglée, de M. l'abbé Dubreuil, et d'autres ecclésiastiques. Une pluie légère vint alors seulement interrompre le beau temps qui avait duré sans interruption jusqu'à cette heure. C'en était fait pour la terre de cette belle intelligence que Dieu venait de rappeler à lui. Le sacrifice qu'un mourant fait à Dieu de sa vie est regardé, en religion, comme un des actes les plus méritoires. Mgr Olivier est mort après avoir accompli cet acte héroïque. Paix à sa tombe ! Bénédiction à sa mémoire !

« Tout homme, et surtout un homme supérieur, un homme doué de qualités éminentes, est presque toujours mal jugé pendant sa vie ; mais la mort le montre tel qu'il est, dans un jour serein, et dégagé des nuages et des poussières de la terre. Le sage avait raison de dire que la mort est utile à quelque chose, et *que son jugement en bon* : tant il est vrai qu'il faut juger un homme, non par ce qu'on en a dit, mais par ce qu'il a fait.

» Or que reste-t-il maintenant de Mgr Olivier ? Ses actes ! ses actes ! Quelle vie fut mieux remplie que la sienne de bonnes œuvres ? Cette vie d'évêque ne fut pas une vie somnolente ; ce fut le sacrifice absolu de son repos, de sa santé, l'entière immolation de sa vie à son peuple, un dévouement de toutes les heures.

» Dévoré de zèle, se souvenant que le premier devoir d'un évêque est de prêcher et de prier, il donnait une libre carrière à son immense amour pour le peuple, prenant la parole plusieurs fois par jour. Mais ce n'était pas seulement dans sa ville épiscopale, que le premier pontife de la religion voulait répandre la semence divine. Il appartenait à tout son diocèse : tous ses enfants avaient également droit au pain de vie et d'immortalité que lui distribuait sa parole. Il allait la faire retentir à tous les extrémités du diocèse, à Gisors, à Pont-Audemer, à Bernay, à Louviers, à Vernon, aux Andelys, à Verneuil. Il prêchait des retraites dans les communautés religieuses, il confessait, il commentait, avant Noël, pendant dix jours, les grandes antiennes de l'avent; il célébrait les octaves de la Fête-Dieu avec prédication tous les jours, il présidait les exercices des retraites pascales. Le soir, il était en chaire à douze ou quinze lieues de sa résidence, et le matin les pieux fidèles de sa cathédrale le retrouvaient faisant lui-même la prière et la méditation du matin à sa chapelle. Il se reposait d'une fatigue par une autre : c'était sa maxime.

» Tous les ans, pendant la belle saison, il visitait toutes les paroisses d'un des arrondissement de son diocèse, prêchant trois ou quatre fois par jour; il n'est pas une seule église de village, si pauvre qu'elle fut, qu'il n'ait visité jusqu'à quatre fois. Puis venaient les examens, les ordinations, les retraites pastorales, et en tout temps les affaires qu'il expédiait lui-même. N'allez pas chercher la cause de sa fin prématurée dans un accident insignifiant : elle est dans cette fatigue de tous les jours de son épiscopat. Il avait dit dans son mandement de prise de possession : « Nous » venons vous consoler et vous instruire, vous ouvrir » notre cœur, et *vous donner notre vie!* » Belles paroles ! Elles étaient la peinture de son véritable caractère, elles ont été l'histoire de sa vie : hélas ! elles en prophétisaient aussi la fin.

» Ce qui se distinguait le plus dans le zèle et la piété profonde du prélat c'était son immense amour pour Jésus-Christ, dernier nom qu'il a prononcé, et surtout pour Jésus-Christ vivant et présent dans l'eucharistie. De là toutes les pompes dont il environnait le culte, de là son zèle pour la décoration des autels, et l'on sait comment, pendant son épiscopat, toutes les églises du diocèse se sont métamorpho-

sées ! Sa foi était aussi vive qu'éclairée, et son galli-
canisme dont on a parlé, ne se traduisait, comme
celui de Bossuet, que par le plus grand attachement
au Saint-Siége apostolique. Il voyait dans les grandes
maximes de l'Eglise gallicane, qui ne sont pas les
maximes des parlements, les restes précieux, le ca-
chet divin de la tradition. Une de ces maximes est la
plus parfaite soumission au Saint-Siége. Et quelle
Eglise au monde en a donné plus de preuves à la
chaire de S. Pierre? Qui lui fut plus dévoué? Quel
bras fît asseoir ses successeurs sur le trône temporel
de Rome? Et qui sont ceux qui veillent aujourd'hui
à la garde de leur personne sacrée?

» La pureté de la doctrine enseignée par Mgr Olivier était égale à sa profonde science de la théologie.
Qui n'a connu son ardeur à propager avec la foi les
lumières de la civilisation, à dissiper les préjugés!
Qui sut rendre, après S. François de Sales et Fené-
lon, la religion plus douce et plus aimable, et la
piété qu'il faisait consister principalement dans la
pratique des vertus domestiques et chrétiennes, plus
séduisants et plus accessibles à tous? Qui savait
mieux que lui marcher avec son siècle! Qui compre-
nait mieux que lui notre société! Qui jugeait mieux
de la convenance et des exigences des diverses po-
sitions de la vie sociale, et les mettre mieux en harmonie avec l'austérité de l'Evangile? Quel plus grand
ennemi des pratiques superstitieuses, fruit de l'igno-
rance? Quelle ardeur, et c'est là une des plus grandes
œuvres de son épiscopat, n'a-t-il pas inspiré à son
clergé tout entier pour les bonnes et fortes études!

» Dans ses rapports avec tous, grands ou petits,
riches ou pauvres, qui fut plus accessible, plus rem-
pli d'aménité? Sa porte, comme son cœur, était ouverte à tout le monde, sans distinction. Le pauvre
curé de campagne se retirait toujours enchanté de la
cordialité franche et ouverte avec laquelle il avait été
accueilli. Qui fut plus indulgent? Il le fut trop, peut-
être! mais qui aurait aujourd'hui le courage de le
blâmer de l'immense besoin qu'il éprouvait toujours
de pardonner? Il ressemblait au Maître qu'il prê-

chait. Qui eut jamais plus de longanimité et de mansuétude? Il n'a jamais su ce que c'était que se venger
d'une injure : elle ne l'atteignait même pas. Le soleil
ne s'est jamais couché sur sa colère, selon le précepte
de l'apôtre.

» Sa bienfaisance était proverbiale. Qu'il était heureux toutes les fois qu'il pouvait obliger! Personne
n'a su ce qu'il donnait aux pauvres ; il aimait l'aumône secrète; mais tout le monde sait qu'il distribuait tout l'argent qu'il avait. Parmi les pauvres, il
préférait les pauvres honteux ; il soulageait surtout
les misères cachées, parce qu'il les jugeait les plus
douloureuses.

» Une dame se présente un jour à son palais épiscopal; elle portait encore les dehors de sa prospérité
passée; mais elle avoue à Mgr Olivier qu'elle n'a pas
mangé depuis deux jours, faute d'argent et de pain,
et que le rang qu'elle a tenu jadis dans la société lui
inspire une honte insurmontable à faire connaître sa
position. Le prélat lui remet immédiatement cinq na-
poléons dans la main en disant : « Voici un premier
» secours. »

» Il y a quelques mois, un pauvre curé de campagne, à l'approche d'une première communion, lui
exposait l'embarras que lui causait un enfant assidu
à ses catéchismes, mais qui manquait à la messe le
dimanche, faute d'habits. Mgr Olivier ouvrit immédiatement le tiroir de son secrétaire, et remit au curé
deux pièces de cinq francs. « Voilà, dit-il, la difficulté
levée; habillez ce pauvre petit. » On pourrait citer
une infinité d'autres traits ; mais celui-ci nous charme
par sa simplicité et par l'élan spontané du cœur.

» Il était encore dans toute la force de l'âge et dans
toute la vigueur de son esprit mûri par l'expérience,
plein de force et de santé. Il pouvait encore vivre de
longues années parmi nous ; nous pouvions jouir encore longtemps de son affabilité, de son amabilité, de
sa bonté, des grâces de son esprit, des charmes de sa
conversation, des douceurs de sa société, de l'édification de sa vie, des bienfaits de son zèle et de cette
éloquence qui était notre joie et notre orgueil. Evreux

pleurera longtemps le silence de cette voix! Ne plus l'entendre est la chose à laquelle on se résigne le moins. » (*Courrier de l'Eure.*)

Tous les organes de la presse nous sont revenus avec l'éloge de notre prélat. Il est vrai de dire aujourd'hui que la France entière a partagé notre deuil, et senti avec nous la perte que nous avons faite. M. le préfet de l'Eure, suivant les belles inspirations de son cœur, a écrit à sa louange, à ses administrés, une circulaire qui fait autant d'honneur à celui qui l'a écrite qu'à celui qui en est l'objet. L'*Illustration*, dans son numéro du 4 novembre, publie son portrait, avec une note biographique exquise, écrite par M. Delhomme, ancien professeur de rhétorique.

La famille du prélat a reçu de toutes parts les plus vifs témoignages de sympathie et de douleur. Voici la lettre de l'un des premiers évêques de l'Eglise de France, par les vertus et par les talents :

« Je prends une vive part au chagrin que vous
» éprouvez, et je déplore amèrement la perte que
» nous venons de faire. C'est votre diocèse, c'est
» l'Eglise de France tout entière qui doit être dans
» le deuil, en voyant disparaître, si jeune encore,
» celui qui était la lumière du clergé, le modèle des
» évêques. Pour moi, je n'oublierai jamais sa foi si
» vive, sa piété si tendre, sa science si sûre et si
» profonde. Je perds en lui un de mes plus vieux et
» de mes plus sincères amis...

 » Le 27 octobre 1854....... »

Un haut personnage, qui a occupé dans l'Etat les postes les plus éminents, écrivait à son tour :

« Au moment même où j'ai reçu votre lettre,
» j'apprenais la perte irréparable que nous avons
» faite. J'en suis pénétré de douleur et de regret.
» Je tiens à honneur à le dire après sa mort, comme
« pendant sa trop courte existence. Votre oncle était
» mon ami, un ami cher et dont la mémoire me sera
» toujours sacrée. Nul ne savait mieux que moi ce
» qu'il était, ce qu'il valait. Nul n'a pu mieux ap-

» précier ses rares qualités et..................... ..
....
» Dieu veuille que le bien qu'il a fait dans le diocèse
» soit durable, et que son esprit lui survive dans le
» clergé qu'il a formé........................... »

Et cette lettre, venue du pied des Alpes, datée
d'Evian le 30 octobre, n'est-elle pas touchante ?

« Il me serait difficile de vous dire la profonde
» douleur dont notre cœur a été saisi en apprenant
» la perte immense que vient de faire votre diocèse.
» Elle ne peut se comparer qu'à notre profonde vé-
» nération et à notre reconnaissance. Monseigneur
» s'était montré dans notre ville le père de l'orphe-
» lin, l'ami du pauvre et la ressource de tous les
» malheureux. Son nom était béni et vénéré. »

Un personnage de la Restauration écrivait en même
temps ces belles paroles, qui résument toutes nos
larmes et tous nos regrets :

« Je n'ai pas assez de paroles pour vous exprimer
» la douleur que je ressens du coup qui vous a
» frappés, et nous après vous. Ce sont de ces pertes
» que l'on ressent jusqu'au fond de l'âme, et que
» rien ne peut adoucir que l'espérance offerte par
» notre divine religion. Le vénérable et cher évêque
» était un de ces hommes rares, tels que Jésus-
» Christ seul en sait former pour notre consolation,
» notre exemple et aussi pour sa gloire. Sa mémoire,
» ses éloquentes prédications et son inépuisable cha-
» rité, si douce, si persuasive, lui font encore pro-
» duire des fruits de sainteté après sa mort. »

Defunctus adhuc loquitur.

11 novembre 1854.

FIN.